CALMA

ÁNCHEL CONTE

CALMA

info@loslibrosdelgatonegro.com
www.loslibrosdelgatonegro.com
Impresión, INO Reproducciones, S.A.
Zaragoza, febrero de 2024
ISBN: 978-84-127221-1-6
DEPÓSITO LEGAL: Z 280-2024
(Impreso en España)

VIAJE AL PAÍS DE LA MEMORIA

José Luis Gracia Mosteo

Cuando se ha vivido en contacto con la tierra y se la ha amado intensamente, algunos se familiarizan de tal manera con su voz, que aprenden su lengua ancestral. Cuando se ha pasado largos años pegado a la tierra, unos pocos llegan a entenderla y prever que viene la lluvia, helará esta noche o mañana el sol abrasará. Cuando se ha estado mucho tiempo a revueltas con los árboles, el cielo y el viento, algunos aprenden a hablar como ellos. Cuando se ha tratado de entender la tierra durante largos años y, además, se es poeta, unos pocos consiguen hablar con su voz.

Ánchel Conte nació y vivió largos años inmerso en la tierra; se propuso cantar el amor, la soledad y el deseo, utilizando su sintaxis, esa «cualidad del alma», según Paul Valéry, valiéndose de la lengua de la tierra, esto es, con palabras sencillas pero hondas, imágenes telúricas pero humanas, emociones vívidas pero puras. Ánchel Conte huyó de la poesía como artículo de lujo, para perseguir el verso limpio y revelador que comunique el mundo, el gozo de vivir, el éxtasis del amor y su añorar, la plenitud de las emociones y los sentimientos.

Ánchel Conte conocía las traiciones de la lengua que hablamos, por lo que eligió otra menos contaminada, entregándose al aragonés, esa lengua casi perdida pero viva que se habla en algunos valles rurales de los Pirineos, alcanzando tal maestría que acabó convertido en un médium que miraba el mundo como lo haría la tierra, desde la pureza más elemental. Ánchel Conte entendió que las leyes naturales que rigen la tierra, esas que un día contó Spinoza, deberían ser las que rigen a los hombres; transmitió que madre, aire y amor deberían ser palabras comunes a todos los pueblos; sintió que cuando cantaba no era él quien lo hacía, sino la tierra misma, por lo que dijo, «No deixez morir a mía voz», es decir, «No dejéis morir mi voz», pues entendió que nacer y morir forman parte del ciclo de la tierra, por lo que en sus últimos días, enfrentó su destino como el árbol de Antonio Machado, que siente llegar el final.

Ánchel Conte cantó el silencio, la noche, el mar, el tiempo, los olores, la hojarasca, las estrellas, los paisajes de la infancia, los ancestros, el tacto de la piel, el futuro siempre breve, el humo de las chimeneas rurales y, sobre todo, el amor..., como un amante que descifra con los sentidos que el objeto de su amor no es solo el ser querido sino el mundo que lo hace posible. Ánchel Conte fue un ángel de alas blancas que cantó el sexo inocente, el barro de los campos, el misterio del mar, la divinidad única pero temporal de estar; fue un campesino del verso que trabajó, como anticipó Saint-John Perse, «La tierra cultivable de los sueños», para abrirnos sus puertas con poemas que son un himno pero también una elegía a la gloria y desaparición de ser.

Ánchel Conte no vio publicado este libro, pues se marchó al país de la memoria, pero dejó estos versos como aquel viajero que cita en sus versos S. T. Coleridge, que visitó el paraíso en sueños donde cogió una flor que encontró al despertar. Ánchel Conte escribió: «Arcilla cascajo, yeso y salitre soy, y al aire volarán mis cenizas», pero nosotros podemos añadir que también es flor; flor de aroma sincero que se puede deshojar o leer.

tiempo e memoria

minuto

farto de papers aborriu e con estralazos sinse orichen
    n'os pulsos zarro tot e m'amano ta la terraza
ye de nueits a luna ye mingua me miro lo mar e no
    veigo sique as luces d'un barco camín d'o puerto
dos tres cuatre segundos
e de momento irrompen como cendellas besos
    capables de vencer á o tiempo adormius baixo
    as auguas
e paisaches mil vegadas cariñaus que como miraglo
    siempre repetiu se dibuixan mesmo n'a negror
    estrelada
 un sospiro dura un minuto
torno ta o cuarto en pasar per debant d'a tuya puerta
    me te miro o tiempo atura e siento que m'invade
    a calma

[Vera, 1 de setiembre de 2021, 0,55 horas]

~

minuto

harto de papeles aburrido y con hachazos sin origen en las
    sienes cierro todo y me acerco a la terraza
es de noche la luna es menguante miro el mar y no veo sino las
    luces de un barco camino del puerto
dos tres cuatro segundos
y de golpe irrumpen como centellas besos capaces de vencer
    al tiempo dormidos bajo las aguas
y paisajes mil veces añorados que como milagro siempre
    repetido se dibujan incluso en la negrura estrellada
un suspiro dura un minuto
regreso al cuarto al pasar delante de tu puerta te miro el tiempo
    se detiene y siento que me invade la calma

cuando lo leas

los días no tienen horas hace tantos que he perdido la cuenta
el tiempo es voz que muere sin destino entre la luz
        y las sombras
ahora veo el cielo algo nublado y cuento una a una todas
        las nubes deshilachadas
abro la oreja y siento el piar de gorriones escondidos bajo
        las tejas
no hay tristeza ni pereza ni siquiera me alegra el rumor
        de las olas
pero tampoco me siento vacío
me he metido en mí mismo procuro ordenar un revoltijo
        de sentimientos
es difícil ese trabajo me confundo y todo como vino y agua
        se mezcla
se me aparecen gentes padres hermanos amigos y una añorada
        tierra
me paro pienso repaso en un momento en una única escena
        toda la vida
y al fin las piezas encajan en una precisa hilera numérico-
        amorosa

★★★

cuando lo leas sabrás que no es preciso especificar quién está
        a la cabeza en esa lista

cuan lo leigas

os días no tienen horas en fa tantos que n'he perdiu
    a cuenta
o tiempo ye voz que muere sinse destino entre a luz
    e as uembras
agora veigo lo cielo embarrau e conto una á una totas
    as cerpetas
paro la orella e siento lo piular de pardals amagaus
    baixo as tellas
no b'ha tristura ni galbana ni sisquiera me fa goyo
    lo remor d'as olas
pero tampó no me siento buedo
me soi meso en yo mesmo miro d'ordenar un revoltillo
    de sentimientos
ye de mal fer ixe treballo me trabuco e tot como vin
    e augua s'amera
me s'apareixen chents pais chirmans amigos e una
    cosirada tierra
aturo pienso repaso en un momento en una unica
    escena tota la vida
á la fin as piezas cuadran en un precisa ringlera
    numerico-amorosa

★★★

cuan lo leigas sabrás que no cal especificar quí ye
    en cabeza en ixa lista

[Vera, 1 de mayo de 2020, 13,30 horas]

fer-se viello

o tiempo se'n va tan lichero que alasveces mesmo
    los reloches no pueden medir-lo
ye o pulso a millor manera de contare os segundos
    cada traquiu resucita un momento
tantos recuerdos apuyalaus recosiros paisaches chents
    fan que encara me sienta vivo
pero cuan tot s'ixarna e veigo que n'o caminar s'han
    perdiu cosas arrienda que he quiesto
en cuentas de plañer-me doi gracias d'haber-te trobau
    e á tu m'acarrazo e con tu camino
            ★★★
agora ye meidía
me miro lo mar e nian augua veigo només una
    procesión d'imáchens e tu n'o centro

                [Vera, 21 d'agosto de 2020, 12,30 horas]

        ~

envejecer

el tiempo se va tan deprisa que a veces incluso los relojes
    no pueden medirlo
es el pulso la mejor manera de contar los segundos cada latido
    resucita un momento
tantos recuerdos amontonados añoranzas paisajes gentes hacen
    que aún me sienta vivo
pero cuando todo se derrumba y veo que en el caminar se han
    perdido muchas cosas que he amado
en lugar de lamentarme doy gracias por haberte encontrado
    y a ti me agarro y contigo camino
            ★★★
ahora es mediodía
miro el mar y ni siquiera agua veo solo una procesión
    de imágenes y tú en el centro

dende l'orichen

tornarán as fuerzas que se'n son idas e floreixerán
    ababols en cada primavera
talment os paisaches d'a mía nineza seigan os zaguers
    an que me pierda
u alcaso será o mar que agora me soi mirando
    qui m'ubra o viero definitivo
tanto tien
mar u tierra nineza u viellera si a vida dende l'orichen
    ye un adiós contino

[Vera, 11 de chuliol de 2022, 20,30 horas]

~

desde el origen

volverán las fuerzas que se han ido y florecerán amapolas
    en cada primavera
tal vez los paisajes de mi infancia sean los últimos en que
    me pierda
o quizás será el mar que ahora estoy mirando quien me abra
    el sendero definitivo
qué más da
mar o tierra infancia o vejez si la vida desde el origen
    es un adiós continuo

fin de año

habría de dejar de contar los días vividos y mirar los que
  me quedan
acabaría antes la cuenta y seguro que podría administrar mejor
  el tiempo
habría porque
aún hay muchas cosas que no he hecho y tendría que correr
  para hacerlas
son tantas que no es fácil elegir por dónde comenzar
  y me aturdo
por eso
me agarro a un pasado que cada día resucita cuando me miras
  fijamente
en esa mirada van más de cuarenta años que brillan como
  renovada alba
y pienso
qué honda y larga la felicidad pasada y qué corta la que
  por delante me espera
empújame
no dejes que me acomode y haz que lo que todavía hemos
  de caminar valga la pena
cierra balcones y ventanas que en soledad vamos a dibujar
  en los corazones un camino
un camino derecho y tan estrecho que tú y yo estaremos
  en él para siempre muy cerca

cabo d'año

habrí de deixar de contar os días vivius e mirar-me
    os que me'n quedan
acabarí antes o conto e regular que podrí administrare
    millor o tiempo
habrí perque
encara b'ha muitas cosas que no he feito e caldría
    que correse pa fer-las
en son tantas que no ye de buen triar per án
    empecipiar e m'esturdeixco
per ixo
m'acarrazo en un pasau que cada día resucita cuan
    me te miras fito-fito
en ixa mirada van més de cuaranta años que brillan
    como renovada alba
e pienso
qué funda e luenga la felicidat pasada e qué curta
    la que per debant m'aguarda
empenta-me
no deixes que m'acofle e fé que lo que encá hemos
    á caminar valga la pena
zarra balcons e finestras que en soledat imos
    á dibuixar n'os corazons un viero
un viero dreito e tan estreito que tu e yo bi seremos
    pa cutio muit cerqueta

[Vera, cabo d'año de 2021, 14,45 horas]

o espiello d'o tiempo

cara ta o mar poliu espiello d'o tiempo reteculo
 e a memoria arriba ta mil novecientos cuaranta
 e cinco
tota una vida blinca d'as auguas e se fa corporia
 retrobo chents parablas mans bocas paisaches
 vivos
no bocho me i quedo
ni pensar de fer una gollada ta debant ye tan curto
 lo tiempo que talment ye millor chirar-me
 de culos
abrazando-me a este present con tota la experiencia
 acumulada mirar-te-me reflexau n'os tuyos
 uellos
e esperare á canto de tu ixe breu futuro

       [Almería, 12 d'abril de 2022, 13,30 horas]

      ~

el espejo del tiempo

frente al mar hermoso espejo del tiempo reculo y la memoria
 llega a mil novecientos cuarenta y cinco
toda una vida brinca de las aguas se hace corpórea y reencuentro
 gentes palabras manos bocas paisajes vivos
no me muevo ahí me quedo
ni pensar echar un vistazo hacia adelante es tan corto el tiempo
 que quizás es mejor volverme de espaldas
agarrarme a este presente con toda la experiencia acumulada
 mirarme reflejado en tus ojos
y esperar junto a ti ese breve futuro

mirando-me una mangrana vueda

un corazón ubierto como mangrana marca grano á grano
    toz os minutos que pasan
mincha-los toz u bebe o suyo suco como sangre dulza
    recheneradera que no encapina
con sabia paciencia la voi esgranando dica que no en
    quede cosa e ya no me faya falta
       ★★★
ixe corazón se queda curto pa dar-te con o suyo fruito
    tot lo que tu me das de vida

              [Vera, 7 de chuliol de 2022,13 horas]

       ~

mirando una granada vacía

un corazón abierto como granada marca grano a grano todos
    los minutos que pasan
cómelos todos o bebe su jugo como sangre dulce regeneradora
    que no emborracha
con sabia paciencia la voy desgranando hasta que no quede
    nada de ella y ya no me haga falta
       ★★★
ese corazón se queda corto para darte con su fruto todo
    lo que tú me das de vida

siempre alcolea siempre A.

la mano que me despierta de esta flojera vespertina no tiene
    dedos es blanda pluma que se posa mansamente en el sexo
me devuelve a los quince años y como entonces me abre
    un camino que nunca había esperado pero aún de noche
    lo veo
aquí estás sombra corpórea a la que me agarro cuando siento
    que el tiempo se acaba y tocarte no he podido
cincuenta años sin ti y nunca para mí estás muerto te veo
    sentado observado el río y de reojo me lanzas una mirada
junto al cinca te toqué la mano esa misma mano que desde
    entonces me despierta la sangre aviva el sexo me pone alas
                ***
cuando estoy tan cerca del final y continúa doliéndome
    tu ausencia no sé si como coz o quizás como hierro
    clavado en el alma

siempre alcoleya siempre A.

a man que me dispierta d'esta murria vespertina
    no tien didos ye tova pluma que se posa
    mansament n'o sexo
me torna ta os quince años e como alavez m'ubre
    un camín que nunca hebe esperau pero encara
    de nueits lo veigo
aquí yes uembra corporia á la que m'acarrazo cuan
    siento que o tiempo s'acaba e tocar-te
    no he puesto
cincuanta años sinse tu e nunca pa yo yes muerto
    te veigo posau catando l'arriu e de bislai me fas
    una gollada
á canto a cinca te toqué a man ixa mesma man que
    dende aloras me revella la sangre escatiza o sexo
    me mete alas

★★★

cuan soi tan cerca d'a fin e contina fendo-me mal
    a tuya ausencia no sé si como calz u talment
    como fierro fincau en l'alma

[Almería, 15 de chuliol de 2020, 21 horas]

d'o sur enta o norte

cuentrarreloch corre o tiempo pero més rapedo
    que o tiempo ye l'aire
e yo indefenso e sinse fuerza deixo que m'arrociegue
    enta la mía tierra
como mesache con fambre n'os uellos
de cinca ta monegros trasquiré toz os recuerdos
    que m'alimentan
e anque tenendo lo mar tan cerca me revulcaré
    n'o royo buro d'a nineza
luengo lo camín curto lo tiempo
sinse prisa perque pienso que o mío billet ye caducau
    e ya no sé si vale
pero entre que no remate
enforicaré en yo envistas paisaches tierras que con yo
    deixaré que mueran

[Almería, 29 de marzo de 2023, 0,56 horas]

~

del sur al norte

contrarreloj corre el tiempo pero más veloz que el tiempo
    es el aire
y yo indefenso y sin fuerza dejo que me arrastre hacia mi tierra
como muchacho con hambre en los ojos
del cinca a monegros engulliré todos los recuerdos
    que me alimentan
y aun teniendo el mar tan cerca me revolcaré en la arcilla roja
    de la niñez
largo el camino corto el tiempo
sin prisa porque pienso que mi billete ha caducado y ya no sé si vale
pero mientras no acabe
esconderé en mí vistas paisajes y tierras que conmigo dejaré
    que mueran

paisache sinse A.

se borrará d'a memoria de toz o mío nombre e a mía
    imachen será boira n'o tiempo u será oculta
    en un calaixo ignorau
lo que nunca se podrá borrar ye a impresión millons
    de vegadas repetida n'as ripas d'a mía mirada
    de nino inamorau
serán atros ninos e atros uellos os que farán resucitar
    o rastro que i deixé petrificau entre que endolorau
    te mirabe
fendo memoria de que tot lo mundo yera n'as
    nuestras ninetas mientres sentibe que entre
    tu e yo no i cabeba sique l'aire

                 [Almería, 28 de setiembre de 2022, 21 horas]

~

paisaje sin A.

se borrará de la memoria de todos mi nombre y mi imagen será
    niebla en el tiempo o estará oculta en un cajón ignorado
lo que nunca podrá borrarse es la impresión millones de veces
    repetida en las ripas de mi mirada de niño enamorado
serán otros niños y otros ojos los que resucitarán la huella
    que allí dejé petrificada mientras dolorido te buscaba
recordando que todo el mundo estaba en nuestras pupilas
    mientras sentía que entre tú y yo solo cabía el aire

in memoriam de Rosario Cazcarro Oto

veintidós años que moriste tú no lo sabes pero cada día brilla
    con más fuerza la luz que dejaste en una vida de más
    de noventa años
una vida dura que nunca oscureció tu mirada azul ni tu alma
    blanca como cencellada y caliente y amorosa como
    una madriguera
de tus seis hijos quedamos cuatro los cuatro somos huérfanos
    del mar en calma de tus ojos y de la dulzura de tu voz
alzheimer te dejó inmersa en una soledad de sendero desviado
    a nosotros hambrientos de caricias que nos llevaban
    a una infancia de amor
aquí aguantamos madre dejando constancia de tu ejemplo
    callado de tanto sacrificio sin que nunca la tristeza apagase
    tu generosidad
no sé dónde estás pero frecuentemente siento tu mano de hielo
    resucitador igual como cuando la vida se me iba
    y me mataba la fiebre
estés donde quiera que estés solo quiero decirte una cosa:
    nos sigues guiando y te amamos.

in memoriam de Rosario Cazcarro Oto

vintidós años que moriés tu no lo sabes pero per cada
    día brilla con más fuerza la luz que deixés
    en una vida de més de novanta años
una vida dura que nunca escureixió a tuya mirada
    azul ni a tuya alma blanca como dorondón
    e calient e amorosa como un cado
d'os tuyos seis fillos en quedamos cuatre os cuatre
    somos popilos d'o mar en calma d'os tuyos uellos
    e d'a dulzor d'a tuya voz
alzheimer te deixó immersa en una soledat de viero
    esbarrau e á nusatros fambrosos de caricias que
    nos levaban ta una nineza d'amor
aquí aguantamos mai deixando constancia d'o tuyo
    exemplo callau de tanto sacrificio sinse que
    nunca la tristura amatase a tuya chenerosidat
no sé án paras si delida n'a polida tierra monegrina
    u enradigada n'os corazons de toz os que
    tenioron a suerte de conoixer-te
no sé an paras pero asobén siento a tuya man como
    chelo resucitador igual como cuan a vida
    me se'n iba e me mataba la fiebre
te trobes anque quiera que te trobes només quiero
    dicir-te una cosa: nos sigues guiando e t'amamos

[Vera, 3 de chuliol de 2021,
22° aniversario d'a muerte de mi mai]

25

Carmen: *in memoriam*

una risa de vida ha subido a las alturas en noche de palabras
    mudas
siento que desde el firmamento me miran con ojos nuevos
y mi llanto se torna río de miel que ahoga tanta tristeza
no quiero pensarte muerta tus raíces crecen se ahondan
y eres como agua regeneradora en tierra amada
    de los monegros

★★★

miro este mar que amabas y sé que en él navegas abriendo
    senderos
por los que juntos caminaremos hasta fundirnos en la luz
    de la luna

★★★

aquí continúo queriéndote sabiendo que tu alegría
    no me dejará nunca

Carmen: *in memoriam*

un riso de vida ye puyau ta las alturas en nueit
    de parablas mutas
siento que dende o firmamento me se miran
    con uellos nuevos
e o mío ploro me se torna arriu de miel que afoga
    tanta tristura
no quiero pensar-te muerta as tuyas radices creixen
    s'afundan
e yes como augua recheneradera en tierra amada
    d'os monegros

★★★

me miro este mar que amabas e sé que i navegas
    ubrindo viers
per os que chuntos caminaremos dica revenir-nos
    n'a luz d'a luna

★★★

aquí contino querendo-te sabendo que a tuya alegría
    no me deixará nunca

[Vera, 5 de chuño de 2020, 21 horas]

mi madre y una canción

afuera helaba y la cocina era un refugio seguro contra el frío
tú como una hormiga no parabas mientras canturreabas
niño de seis años no era capaz de medir la dimensión de aquella
    canción
pero sí sabía porque lo veía que no eras feliz en aquel momento
muchos años después pude saber cuánta tristeza había en aquel
    canto
tú que padecías en silencio ahora sé que lo que hacías era llorar
    cantando
sin que se perdiese el ibón azul de tu mirada y la sonrisa
    en los labios
                    ★★★
tanto dolor escondido en tu vida para que nosotros
    no lo sufriéramos
                    ★★★
«el día que nací yo qué planeta reinaría, por donde quiera
    que voy qué mala estrella me guía...»
no sé el planeta que reinaba ni qué mala estrella guiaba tu vida
pero cuando moriste de repente dos astros azules abrieron
    un agujero luminoso en el firmamento

mi mai e una canción

difuera chelaba e a cocina yera un cubillo seguro
    cuenta la fredor
tu como una fornigueta no aturabas entre que cosa
    rara cantaruliabas
nino de seis años no yera capable de medir
    a dimensión d'aquela canción
pero sí sabebe perque lo viyebe que no yeras feliz
    en aquel momento
muitos años dimpués podié sabere cuánta tristeza
    b'heba en aquel canto
tu que padeixebas en silencio agora sé que lo que
    febas yera plorar cantando
sinse que se perdese o ibón azul d'a tuya mirada
    e o riset n'os labios

★★★

tanta dolor amagada n'a tuya vida pa que nusatros
    no la penásenos

★★★

«el día que nací yo qué planeta reinaría, por donde
    quiera que voy qué mala estrella me guía...»
no sé a planeta que reinaba ni qué mala estrela guiaba
    la tuya vida
pero cuan moriés de momento dos astros azuls
    ubrioron un forau luminoso n'o firmamento

[Vera, 4 d'agosto de 2021]

agüerro

no son fuellas d'acirón u albar lo que me pleve
    d'os arbres este agüerro sinse tierra
son corazons mans caricias que mullan e me chupen
    de recosiros que no reblan
e de momento me veigo perdiu en selva que
    conoixco e uloro e siento muit cerca
manimenos sé que ni selva ni arbres colorius ni rius
    cayendo en churro me dispiertan
me s'aduerme l'alma sobre follarasca en tarde
    d'octubre cuan sinse tartir me besas
pareix que agora no bi ha mar ni fa ulor á sal
me miro lo cuerpo e yes tu qui bi debuixa
    con precisión as tucas de totas as sierras
totas as colors que viyemos la pluya que bebiemos
    e o beso resucitador en tardada muerta

[Vera, 2 de noviembre de 2021, 19,30 horas]

~

otoño

no son hojas de arce o abedul lo que me llueve de los árboles
    este otoño sin tierra
son corazones manos caricias que mojan y me empapan
    de nostalgia que no cesa
y de golpe me veo perdido en bosque que conozco y huelo
    y siento muy cerca
sin embargo sé que ni bosque ni árboles coloridos ni ríos
    cayendo en cascada me despiertan
se me duerme el alma sobre hojarasca en tarde de octubre
    cuando sin decir nada me besas
parece que ahora no hay mar ni huele a sal
me miro el cuerpo y eres tú quien dibuja en él con precisión
    las cimas de todas las sierras
todos los colores que vimos la lluvia que bebimos y el beso
    resucitador en tarde muerta

a ola que grama en nueit de veila me dispierta
    o recuerdo d'una playa e sol de meidia
camino seguindo a ezbruma d'a espuenda e a luz
    que tresmina d'alegres maciellos
a suya polideza agrandeix a color d'o mar e resucita
    corazons que me tornan ta la vida
me tapo as orellas amorto a remor d'o mar
    e m'enforico con ixes cuerpos n'a memoria
deshorau n'a cama as mans sobre o vientre paro
    cuenta de que només soi un viello
                    ★★★
per un momento hebe creyiu que en yo naixeban
    primaveras capables de fer floreixer as lilas

                    [Vera, 11 de mayo de 2020, 01,15 horas]

                    ~

la ola que brama en noche de vela me despierta el recuerdo
    de una playa y sol de mediodía
camino siguiendo la espuma de la orilla y la luz que mana
    de alegres muchachos garridos
su hermosura agranda el color del mar y resucita corazones
    que vuelven a la vida
me tapo las orejas apago el rumor del mar y me encierro
    con esos cuerpos en la memoria
desvelado en la cama las manos sobre el vientre me doy cuenta
    de que solo soy un viejo
                    ★★★
por un momento había creído que en mí nacían primaveras
    capaces de hacer florecer las lilas

31

añoranza

hoy el mar huele a albahaca y el azul se torna verde esta mañana
>   vera no es vera
es huesca
un torrente salobre me inunda la garganta y me zambullo
>   en el recuerdo
paisajes que amo gente que quiero gente que ya no está
>   y he querido
es huesca
yo tampoco soy yo soy muchacho u hombre joven cuando
>   me miro en el espejo
la vida ha corrido más que yo y siento o sé que el fin lo tengo
>   aquí cerca
no sé si es tristeza o gratitud ese dolor que como cometa hacia
>   ti me lleva
pero en el corazón en los recuerdos dormidos en lo más
>   profundo te amo y te veo
huesca

recosiro

hue o mar fa ulor á albaca e l'azul se torna verde
    este maitino vera no ye vera
ye uesca
una garona salobre m'orchega la gola e me capuzo
    n'o recuerdo
paisaches que amo chent que quiero chent que ya
    no bi ye e he quiesto
ye uesca
yo tampó no soi yo soi mesache u hombre choven
    cuan me miro n'o espiello
a vida ha corriu més que no pas yo e siento u sé
    que a fin la tiengo aquí cerca
no sé si ye tristura u gratitut ixa dolor que como
    cometa enta tu me leva
pero n'o corazón n'os recuerdos adormius n'o més
    fundo t'amo e te veigo
uesca

        [Vera, 10 d'agosto de 2020, 12 horas.
      Día de san Lorient, fiesta gran en Uesca]

tierra y tierra

no miro el mar porque no quiero los ojos se me van brincando
    hacia montes de secano
no sé muy bien si hacia las ripas sierra alcubierre o hacia algún
    cabezo de esta nueva tierra
todos los paisajes me conducen a desiertos ocres y grises donde
    el sol castiga como un tirano
y en todos me encuentro la infancia y juventud de la ribera
    del cinca o los monegros con su belleza
acabaré aquí mis días de espaldas al mar y cara tierra adentro
    sobre un secarral navegando
a veces es el mar quien me llama pero no conoce mi nombre
    y yo sordo no le hago caso
tierra tierra por donde caminar sendas hechas mil veces
    que sin embargo parecen nuevas
al fin arcilla cascajo yeso y salitre soy y al aire volarán
    mis cenizas en robres o alcolea
★★★
viene del mar un tentador canto de sirena pero puede más
    el vendaval que hacia desiertos me arrastra

tierra e tierra

no me miro lo mar perque no quiero los uellos
      me se'n van blincando ta monts de secano
no sé guaire bien si ye ta las ripas ta sierra alcubierre
      u ta bel cabezo d'esta nueva tierra
toz os paisaches me menan ta desiertos ocres e grisos
      an que o sol castiga como un tirano
e en toz me trobo a nineza e choventut d'a ribera
      de cinca u d'os monegros con a suya belleza
remataré aquí os míos días de culos á o mar e cara
      tierra ta aintro sobre un secarral navegando
alasveces ye o mar qui me grita pero no conoix
      o mío nombre e yo sordo no li foi caso
tierra tierra per an caminare endreceras feitas mil
      vegadas que manimenos pareixen nuevas
á la fin buro cascallo cheso e salitre soi e á l'aire
      volarán as mías cenisas en robres u alcoleya
                              ★★★
viene d'o mar un retantador canto de sirena pero puet
      més l'airera que ta desiertos m'arrociega

                              [Vera, 8 d'agosto de 2021, 19,30 horas]

l'orichen

terne que terne o tiempo m'encorre e no m'agafa
reculando cuentra él puet més a mía imachinación
qué lichero lo carguil de cariños que menos que palla
      pesa
dende l'alzaria d'os suenios sondormida la razón
alufro paisaches que resucitan en yo lo nino que yera
ye l'orichen
olivera enradigada n'a mesma tierra que será la suya fuesa

                  [Vera, 6 d'aviento de 2021, 21 horas]

~

el origen

insistentemente el tiempo me persigue y no me atrapa
reculando contra él puede más mi imaginación
qué ligera la carga de añoranzas que menos que la paja pesa
desde la altura de los sueños adormecida la razón
observo paisajes que resucitan en mí el niño que era
es el origen
olivera enraizada en la misma tierra que será su fosa

tan luent...

levanto los brazos baixo a pluya e lueñes d'o mío
    paisache foi ulor á archila
soi cuerpo modelau con buro cheso e augua de tierras
    que en yo son vivas
deixo que a pluya me bañe entre que m'achico tanto
    que ixa ulor s'esbafa
e torno a estare un estranio arbre sinse fuellas
    en metat d'un mar que grama

                    [Almería, 28 d'octubre de 2021, 18,30 horas]

~

tan lejos...

levanto los brazos bajo la lluvia y lejos de mi paisaje desprendo
    olor a arcilla
soy cuerpo modelado con greda yeso y agua de tierras
    que en mí están vivas
dejo que la lluvia me moje mientras me empequeñezco tanto
    que ese olor se desvanece
y vuelvo a ser un extraño árbol sin hojas en mitad de un mar
    que muge

esperando

dende o terrau veigo lo mar e sierra cabrera firmes
    n'o suyo puesto
yo navego á caballo d'un pendón blanco ta o norte
    en incierto viache
entre ixe mar e os monegros me pierdo
pero tu me nugas á o present cuan me cariño
    de recosiraus paisaches
aturo lo volito e cambeo lo rumbo
sé que malas que arribes ixa murria s'esbafará e veiré
    con uellos nuevos

★★★

a esta hora con a mirada vueda e un beso engabiau
    n'a tristura t'espero

[Vera, 7 de setiembre de 2020, 14,15 horas /
revisau o día 8 á las 13 horas]

~

esperando

desde la terraza veo el mar y sierra cabrera firmes en su sitio
yo navego a lomos de un cúmulo blanco hacia el norte
    en incierto viaje
entre ese mar y los monegros me pierdo
pero tú me atas al presente cuando echo de menos añorados
    paisajes
detengo el vuelo y cambio el rumbo
sé que en cuanto llegues esa desgana se evaporará y veré
    con ojos nuevos

★★★

a esta hora con la mirada vacía y un beso enjaulado
    en la tristeza te espero

pa Cristian tan luent

un riso capable de trascruzar l'oceano e amerizar
    en o mar en calma d'o mío peito
una mirada que fiere e se finca como sayeta
    resucitadera en un corazón tan viello
un sospiro que dende a espelunca d'os mios años
    milagrosament se torna grolleo
aquí caducando en soledat te siento querrí poder
    abrazar-te deixar morir o tiempo
e rematar este renaixer que m'ha esclatau
    de momento perdiu l'esmo en un beso

                [Almería, 31 d'aviento de 2022, 05 horas]

~

para Cristian tan lejos*

una sonrisa capaz de atravesar el océano y amerizar en el mar
    en calma de mi pecho
una mirada que hiere y se clava como saeta resucitadora
    en un corazón tan viejo
un suspiro que desde la caverna de mis años milagrosamente
    se torna trino
aquí pensando en soledad te siento quisiera poder abrazarte
    dejar morir el tiempo
y acabar este renacer que me ha estallado de repente perdido
    el sentido en un beso

---

*Te metes en la red y empiezas un viaje que nunca puedes saber dónde acaba... De vez en cuando te topas con una sonrisa, unos ojos o una palabra capaces de despertar en ti lo que creías muerto, es el inmenso poder de la belleza personificada en un muchacho a quien nunca podrás abrazar, pero que estará vivo en el recuerdo para siempre como un último regalo. Gracias, Cristian.

noche de reyes

perdida la inocencia todavía pongo los zapatos en el balcón
   y turrón para ellos y trigo para los camellos
sé que no volverán a dejarme ni una caja de lápices alpino
   ni un libro ni siquiera carbón
pero aunque parezca una bobada quiero imaginar
   que por la calle mayor volverá el misterio
y como niño expectante me acostaré temprano y antes
   de amanecer despertaré con la misma ilusión
no encontraré nada en el balcón ni la calle olerá a humo
   ni se oirán gritos de niños contentos
girará todo hacia la realidad de los casi ochenta años
   por unas horas habré resucitado la emoción
del crío que en habitación helada se conformaba con tan poco
   para ser feliz y matar el frío
calle mayor de alcolea en el recuerdo
han pasado los reyes se han detenido en el cuartel y me han
   traído no sé muy bien si tristeza o alegría

nueit de reis

perdida la inocencia encara poso lo calcero n'o balcón
    e turrón pa éls e trigo pa os camellos
sé que no tornarán á deixar-me ni una caixeta de
    pinturas alpino ni un libro ni sisquiera carbón
pero anque pareixca una fateza quiero imachinar
    que per a carrera mayor tornará o misterio
e como nino expectant me chitaré luego e antes
    de rayar o día dispertaré con a mesma ilusión
no trobaré cosa n'o balcón ni a carrera fará ulor
    a fumo ni se sentirán gritoa de ninos contentos
chirará tot ta la realidat d'os cuasi uitanta años pero
    por unas horas habré sentiu resucitar a emoción
d'o zagal que en cambra chelada s'acontentaba con
    tan poquet pa estar feliz e amatar o fredo
carrera gran d'alcoleya n'o recuerdo
i son pasaus os reis se son aturaus n'o cuartel e m'han
    traito no sé guaire bien si tristura u enfuelgo

[Vera, 6 de chinero de 2022, 03 horas]

viaje virtual a alcolea

calle mayor de alcolea número treinta y nueve ahora
no sé qué número tenía cuando nací allí y ni siquiera si tenía
era el cuartel y ya está
me meto en *google earth* voy de un sitio para otro y rehago
    la historia
generosa memoria
como un alud salvaje me caen niños viejos hombres y mujeres
    con nombre propio
no doy abasto y me rindo
me detengo frente al treinta y nueve de la calle mayor
    esperando que me reconozca
inútil son ochenta años

★★★

cierro el ordenador con gusto agridulce en la boca y el corazón
    desbordado de añoranza

viache virtual ta alcoleya

carrera mayor d'alcoleya numero trenta e nueu agora
no sé qué numero teneba cuan yo i naxié e nian
    si en teneba
yera o cuartel e prou
me meto en *google earth* dondío d'abaixo ta alto
    e refoi a historia
chenerosa memoria
como un lurte salvache me cayen ninos viellos
    mullers hombres con nombre propio
no adubo e reblo
aturo en casa peralta cara o trenta e nueu d'a carrera
    mayor esperando que me reconoixca
perdemés son uitanta años
                    ***
zarro l'ordinador con un gusto aceto e dulce n'a boca
    e n'o corazón recosiros á caramuello

[Vera, 14 d'agosto de 2022, 15 horas /
20 d'agosto, 23 horas]

fuetazos n'a memoria

naxié en tierra de buro e huerta creixié cerca de cequias
    almendreras chopos e oliveras
como sansuga apegada á ixes troncos suqué sapia
    con gusto a boira e mazaneta baladre
con tantos años en guiña encara me crema n'a
    punteta d'a lengua la leit d'as figueras
e me s'ubren foraus n'as pochas per as chonetas
    con ficacio triadas en metat d'a glera
fumo de chamineras polvo secular n'a escuela figas
    secas en tiempos d'acabar o verano
m'encorren recuerdos tardanos
cuan a fin ya ye cuasi á la vista e no me vaga de fer
    memoria de tot antes que no acabe

               [Vera, 20 de chinero de 2022, 23 horas]

                  ~

latigazos en la memoria

nací en tierra de arcilla y huerta crecí cerca de acequias
    almendros chopos y oliveras
y como sanguijuela pegada a esos troncos succioné savia
    con gusto a niebla y manzana verde
con tantos años a la espalda aún me quema en la punta
    de la lengua la leche de las higueras
y se me agujerean los bolsillos por las piedrecillas con esmero
    elegidas en mitad de la glera
humo de chimeneas polvo secular en la escuela higos secos
    a punto de acabar el verano
me persiguen recuerdos tardíos
cuando el fin ya está casi a la vista y no tengo tiempo
    de recordar todo antes de que acabe

44

no son uembras

no son uembras ixes recuerdos que inesperadament
    m'enristen
son rayos de luz tova como ixa que emplena o cuarto
    en rayar o día
iluminan tanto tienen tanta fuerza que toz seigan
    alegres u tristes
á tarrazos me pleven e dende os cuatre años esclatan
    e resucitan
tota una vida dibuixada n'a mirada de nino nunca
    perdida
foto panoramica que m'embolica e cuentra
    la desmemoria resiste
no son uembras
son fallas de totas as colors que siñalan per án fer
    o camín que encara queda

                   [Almería, 12 d'agosto de 2022, 15,15 horas]

~

no son sombras

no son sombras esos recuerdos que inesperadamente
    me embisten
son rayos de luz blanda como esa que llena el cuarto al rayar
    el día
iluminan tanto tienen tanta fuerza que todos sean alegres
    o tristes
a cántaros me llueven y desde los cuatro años estallan y resucitan
toda una vida dibujada en la mirada de niño nunca perdida
foto panorámica que me envuelve y contra la desmemoria
    resiste
no son sombras
son antorchas de todos los colores que señalan por dónde hacer
    el camino que aún queda

---

las ripas en la mirada

cuando te miro los ojos no veo el mar ni la bruma
    que por la mañana ensucia el aire
lo que salta desde tu mirada es arcilla roja tomillo esparto
    ontina y romero
y sentado en la cima de las ripas me zambullo en todas
    las acequias y huertas donde crece el miedo
no sé si reculo o me detengo se me revuelve el tiempo
desde que otros ojos se perdieron en la negrura de la ausencia
    final y de las inclemencias del tiempo
de repente resucitan juegos canciones nieblas niños con frío
    y un hondo silencio
y metido en un viaje sin vuelta ya tan cerca del final te llamo
    vuelvo a ser el mismo
la misma voz el mismo acento la misma lengua para
    que me reconozcas y todo acabe enseguida

as ripas en a mirada

cuan me te miro los uellos no veigo lo mar ni o gallín
    que de maitín empuerca l'aire
lo que blinca d'a tuya mirada ye buro royenco
    tremoncillo esparto ontina e romero
e posau n'a tuca d'as ripas me capuzo en totas
    as cequias e huertas an que creix o miedo
dende que atros uellos se perdioron n'a negror
    de l'ausencia final e d'o mal orache
no sé si reteculo u aturo me se rechira o tiempo
de momento resucitan chuegos cancions boiras ninos
    con fredo e un fundo silencio
e meso en un viache sinse tornada ya tan cerca d'a fin
    te grito torno á estar o mesmo
a mesma voz o mesmo *deje* a mesma lengua pa que
    me reconoixcas e tot acabe ascape

[Vera, 15 de mayo de 2022, 13,50 horas]

meidía griso

plevisna las boiras s'han trasquiu o mar baixo una capa
    grisa que achunta augua e cielo
tot ye calma
tovo tringlar n'os cristals a tordoleta amagada n'o ficus
    una banda de gaviotas aturadas
tot ye calma
ni l'aire corre os sonius s'han amortau baixo ixa pluya
    mansa que baña tellaus e terrazas
plantau cara la playa que tasament s'alufra creigo
    no respirar e manimenos rosigo silencios
embabiecau pienso
que ni sisquiera o rayo de sol dillá de cabrera puet
    emporcar a polideza d'esta grisa meidiada

[Vera, 11 de chinero de 2022, 14 horas]

~

mediodía gris

llovizna las nubes se han tragado el mar bajo una capa gris
    que junta agua y cielo
todo es calma
blando tintineo en los cristales la tórtola cobijada en el ficus
    una bandada de gaviotas paradas
todo es calma
ni el aire corre los sonidos se han apagado bajo esa lluvia mansa
    que moja tejados y terrazas
firme cara a la playa que apenas se vislumbra creo no respirar
    y sin embargo mastico silencios
absorto pienso
que ni siquiera el rayo de sol más allá de cabrera puede ensuciar
    la hermosura de este gris mediodía

día griso

griso lo día talment pleva e yo no remate de secutir-me
    esta malinconía que como vesque me s'apega
estoi que dende luent puet ulorar-se ixa mena de
    tristura sinse orichen que satura la sangre e ciega
me meto en yo e miro de no ubrir as finestras
    de l'alma me fa miedo a luz cuan m'afundo
    en escureldaz
no sé cuánto durará o duelo sólo sé que a tieda
    que m'alumbre serás tu que sinse decir-lo
    siempre i yes
agora només silencio adormida l'almada d'a
    conciencia e á esperar que un auguarruixo lave
    cielo e tierra
***
alasveces se fa difícil soniar

                [Almería, 1 d'aviento de 2022, 14,15 horas]

~

día gris

gris el día quizás llueva y yo no acabe de sacudirme esta
    melancolía que como goma arábiga se me pega
pienso que desde lejos pueda olerse esta especie de tristeza
    sin origen que satura la sangre y ciega
me meto en mí y procuro no abrir las ventanas del alma
    me asusta la luz cuando me hundo en soledades
no sé cuánto durará el duelo solo sé que la tea que me alumbre
    serás tú que sin decirlo siempre estás
ahora solo silencio dormida la almohada de la conciencia
    y esperar que un chaparrón de agua mansa lave cielo
    y tierra
***
a veces resulta difícil soñar

49

da lo mismo

el mar que no veo la tierra que se me esconde la luz
    que se apaga cuando llega el alba
y yo boca y ojos cerrados corazón abierto solo pienso
    en las primaveras que han pasado
en tardes otoñales cayendo el sol sobre impolutos ríos y montes
    desnudos desiertos
melancolía o quizás tristeza y un mañana tan incierto que mirar
    el futuro no me apetece
como pugas* de acero pinchan las ausencias como ruejos
    poderosos aplastan los recuerdos
y hecho espejo del tiempo busco los besos que me dieron vida
    y los que nacieron muertos
melancolía o tristeza da lo mismo en una vida que se acerca
    al final pero es vida todavía
★★★
lo que me queda lo haré sin que nada me detenga ni nada
    pueda matarme las ganas

  ★ *puga* y *pugón* es una estaca larga que se coloca en los ángulos de los carros, lo que permite aumentar la carga, especialmente de la mies. En mi familia siempre se decía *puga*.

tanto tien

o mar que no veigo a tierra que me s'amaga la luz
    que s'amorta en que arriba l'alba
e yo boca e uellos zarraus corazón ubierto no foi
    sique pensar n'as primaveras tombadas
n'as tardadas d'agüerro cayendo lo sol sobre impolutos
    rius e monts espullaus desiertos
malinconía u talment tristura un mañana tan incierto
    que mirar-me o futuro no m'agana
como pugons d'acero punchan as ausencias como
    ruellos poderosos esclafan os recuerdos
e feito espiello d'o tiempo miro los besos que me
    dioron vida e os que naixioron muertos
malinconía u tristura tanto tiene en una vida que
    s'amana ta la fin pero ye vida encara
               ★★★
lo que me'n queda lo faré sinse que cosa m'ature
    ni cosa pueda matar-me as ganas

               [Almería, 2 de marzo de 2022, 18 horas]

tierra y agua

cada vez que miro el mar sin olas manso y quieto
es como si mirase la inmensidad llana y terrosa de monegros
me dan ganas de caminar hacia donde confluyen tierra y cielo
y borracho de todos los colores tal vez no encontrar camino
    de regreso
para perderme ahí en agua o tierra cuando el final de todo está
    ya dispuesto
en el punto de salida dejaría abierta una bolsa con mil recuerdos
y los espíritus de toda la gente que he querido y aún quiero
★★★
meditando en la playa de el perdigal sentado en la popa
    de una barca
con el sol de cara soy consciente de que amo por igual tierra
    y agua

tierra e augua

cada vegada que me miro lo mar sinse olas manso
    e quedo
ye como si me mirase a immensidat plana e terrosa
    de monegros
m'agana prebar de caminar-ie ta an se complegan
    tierra e cielo
e capín de totas as colors talment no trobar camín
    de tornada
pa perder-me-ie en augua u tierra cuan a fin de tot
    ya ye presto
n'o punto de salida deixarí ubierta una bolsa
    con mil recuerdos
e o espritos de tota la chent que he quiesto e quiero
    encara

★★★

caducando n'a playa d'el perdigal posau n'a popa
    d'una barca
con o sol de cara paro cuenta de que amo per igual
    tierra e augua

[Almería, 27 d'aviento de 2022, 14,30 horas]

amor e vida

calma

la tarde es un fino encaje de luz colgado en el aire que se repite
    en el mar
yo en silencio procuro dejar la conciencia en blanco y beberme
    a tragos toda esa luz
meto todos los miedos en una bolsa y desde la terraza
    los aviento sin pensar
que me embriague un incierto olor a sal o a sudor
    que me viene de ti
que los pájaros que regresan a los nidos dibujen mil diversas
    geometrías
que los colores variables del amarillo a rosa de rosa a granate
    no se apaguen
que yo casi incapaz de mantenerme en pie pueda retozar entre
    tanta hermosura viva
y cuando toque entrar entren conmigo cielo y mar y esa paz
    que ahora me invade

calma

la tarde ye una fina randa de luz pinchada en l'aire
 que se repite n'o mar
yo en silencio miro de deixar l'esmo en blanco
 e beber-me a gotez tota ixa luz
meto toz os miedos en una bolsa e dende a terraza
 los aviento sinse pensar
deixo que m'encapine una incierta ulor a sal u
 a sudor que me viene de tu
que os paixaros que tornan ta os niedos dibuixen mil
 diversas cheometrías
que as colors variables de l'amariello ta rosa de rosa
 ta granat no s'apaguen
que yo cuasi incapable de fer garras pueda petenar
 entre tanta belleza viva
e cuan toque entrar entren con yo cielo e mar e ixa
 paz que agora m'invade

[Vera, 8 de chuliol de 2023, 21 horas]

dispertar

cada nueit en chitar-me m'acubillo como un cadillo
    n'o cado calient d'o tuyo peito
e pienso que per cada minuto de chelo que he viviu
    dos mil han estau firme xerata
yes tu qui alimenta ixa foguera que crema la sangre
    e preta fuego á os sentimientos
mesmo con os uellos zarraus dibuixo lo tuyo cuerpo
    e resucita la calor d'un beso
★★★

en dispertar con tu cerca me ruixia la tova flor
    d'esbruma e augua d'a tuya mirada

[Vera, 9 de setiembre de 2020, 0,17 horas /
revisau á las 17 horas]

~

despertar

cada noche al acostarme me cobijo como un cachorro
    en el cado caliente de tu pecho
y pienso
que por cada minuto de hielo que he vivido dos mil han sido
    pura llamarada
eres tú quien alimenta esa hoguera que quema la sangre
    e incendia los sentimientos
incluso con los ojos cerrados dibujo tu cuerpo y resucita
    el calor de un beso
★★★

al despertar contigo cerca me rocía la blanda flor de espuma
    y agua de tu mirada

58

un ibón n'a mirada

tombaba o maitín entre un cielo e un mar grisencos
    e una pereza més grisa encara
de cabo cuan o tiempo aturaba como penchau
    d'un filo e i permaneixeba muto
qué fatiga de día
en metat d'esta murria la tuya voz me penetra e me
    reviscola secutindo en lo més fundo
t'abrazarí pienso
prou que sí t'abrazo e encara que seigas uembra siento
    a tuya ulor que m'encapina
viene con yo posa-te bien cerca e deixa que m'afogue
    n'o ibón azul d'a tuya mirada
        ***
un atro pareix agora o día

                  [Vera, 26 d'abril de 2022, 14,30 horas]

          ~

un ibón en la mirada

transcurría la mañana entre un cielo y un mar grises
    y una pereza más gris todavía
de vez en cuando el tiempo se detenía colgado de un hilo
    y permanecía mudo
qué fatiga de día
en mitad de este sopor tu voz me penetra y me reanima
    sacudiendo en lo más hondo
te abrazaría pienso
claro que sí te abrazo y aunque solo seas sombra siento tu olor
    que me emborracha
ven conmigo ponte muy cerca y deja que me ahogue
    en el ibón azul de tu mirada
        ***
otro parece ahora el día

---

gracias

en revellar si me chiro ta la dreita me trobo lo mar
    vivificador mirall en silencio
si lo foi enta la ezquierda ye á tu á qui me trobo
    enreligau encara entre os linzuelos
me chire ta an me chire ye una manera buena
    e saludable d'empecipiar un día nuevo
perque u me capuzo en ixa immensidat azul
    u n'o profundo mar d'os tuyos uellos
             ★★★.
á ezquierda e dreita me s'ubre un obago viero
    que con tu faré á bonico e sereno

           [Almería 22 agosto 2021, 21,15 horas]

           ~

gracias

al despertar si me giro hacia la derecha me encuentro el mar
    vivificador espejo en silencio
si lo hago a la izquierda es a ti a quien me encuentro enredado
    aún entre las sábanas
me gire hacia donde me gire es una buena y saludable manera
    de empezar un nuevo día
porque o me zambullo en esa inmensidad azul o en el profundo
    mar de tus ojos
             ★★★
a izquierda y derecha se me abre un umbroso sendero
    que contigo haré despacito y sereno

me te miro e...

me te miro de bislai bien ubiertos os uellos
tu no i para cuentas son tantos años os que resucitan
de momento
tantas caricias n'as tuyas mans tantas parabras ditas
u calladas
que me se borra la tuya cara
e apareix como xerata n'a nueit un corazón batendo
cuentra toz os vientos
ubrindo camins abrazando dispertars d'almendrera
en flor e hierba baixo rosada
aquí soi sabendo que te quiero
e encara que no cal que lo diga lo digo confirmo
e ratifico
perque cient años que vivise sentirí lo mesmo
que agora siento

[Vera, 25 d'agosto de 2021, 18,45 horas]

~

te miro y...

te miro de reojo bien abiertos los ojos
no reparas en ello son tantos años los que resucitan de golpe
tantas caricias en tus manos tantas palabras dichas o calladas
que se me borra tu cara
y aparece como llamarada en la noche un corazón latiendo
contra todos los vientos
abriendo caminos abrazando despertares de flores de almendro
y yerba bajo escarcha
aquí estoy sabiendo que te quiero
y aunque no hace falta que lo diga lo digo confirmo y ratifico
porque cien años que vivieses sentiría lo mismo que ahora
siento

encara

cuánto tiempo cal que pase pa que un recuerdo
 fosilice e se finque n'o riu d'a sangre
 esbarrancada
cuánto pa que una caricia deixe siñals n'a piel como
 pisadas fundas sobre arena mullada de playa
cuánto pa que una parabra dita á escuitetas se grave
 n'o vinilo immaterial d'a memoria
esmemoriada
cuánto
perque n'os míos circuitos sanguinio piel e memoria
 no sé si queda més puesto dimpués de tanta vida
manimenos
cata-me que encara me s'ubren foraus pa que m'entres
 n'a piel sangre e memoria cada vegada que me
 te miras

[Vera, 29 d'agosto de 2021, 14,15 horas]

~

todavía

cuánto tiempo ha de pasar para que un recuerdo fosilice
 y se clave en el río de sangre desbordada
cuánto para que una caricia deje señales en la piel como huellas
 hondas sobre arena mojada de playa
cuánto para que una palabra dicha al oído se grabe en el vinilo
 inmaterial de la memoria desmemoriada
cuánto
porque en mis circuitos sanguíneo piel y memoria no sé si
 queda más sitio después de tanta vida
sin embargo
mírame que todavía se me abren agujeros para que me entres
 en la piel sangre y memoria cada vez que me miras

encarnadura

a zaguer estrela que nos miremos chuntos aquela
    nueit de chuliol ya no i gue
la furtés con a mirada e deixés més fosco lo cielo
    e més callau o silencio
an quiera que la te portés deixa-la libre que torne
    e ocupe o suyo puesto
que tot mesmo yo recupere a mesura e que encarne
    o forau que i deixés
        ★★★
lo pienso con os uellos perdius meso en penumbras
    e un gusto aceto n'a boca
entre que dende casa mía uloro lo mar e me chumpo
    con o ritmo d'as olas

> [Vera, 5 de chuliol de 2021, 19,15 horas /
> 7 de chuliol, 0,05 horas]

~

cicatriz

la última estrella que miramos juntos aquella noche de julio
    ya no está
la robaste con la mirada y dejaste más oscuro el cielo y más
    callado el silencio
donde quiera que te la llevaste déjala libre que regrese y ocupe
    su lugar
que todo incluso yo recupere la medida y cicatrice el agujero
    que dejaste
        ★★★
lo pienso con los ojos perdidos metido en penumbras
    y un gusto acre en la boca
mientras desde mi casa huelo el mar y me mezo con el ritmo
    de las olas

cuan yes cerca

ahier mirando lo mar que no trobabe no sentibe sique
    a tuya ausencia o vueito que tot escureixeba
e una gaviota que perdiu l'esmo aturaba o volito
    en metat d'a no-cosa e como estorbada chiraba
    sinse meta
hue a gaviota s'ha multiplicau o mar torna a estar
    present e tot pareix recuperar a dimensión chusta
yes tornau
e pasau o mal orache o tiempo espaza e ulorando lo mar
    siento que d'o més fundo a calma puya
★★★
no cal que me parles nian que me te mires ye prou
    con saber que yes cerca

[Vera, 10 febrero de 2022, 14 horas]

∼

cuando estás cerca

ayer buscando el mar que no encontraba solo sentía tu ausencia
    el vacío que todo oscurecía
y una gaviota que perdido el sentido detenía el vuelo en mitad
    de la nada y como loca giraba sin meta
hoy la gaviota se ha multiplicado el mar vuelve a estar presente
    y todo parece recuperar la dimensión exacta
has regresado
y superado el mal tiempo el cielo se despeja y oliendo el mar
    siento que desde lo más hondo la calma sube
★★★
no hace falta que me hables ni siquiera que me mires basta
    con saber que estás cerca

dispertar 2

n'a espluga cubilladera d'a tuya boca poso as parablas
    que de nueits me revellan
no son un lamín ni sisquiera musica ni tampó una flor
    acabada d'esclatar á l'alba
ye o grito de goyo que me s'escapa cuan n'o més
    preto d'a escureldat sonío que te veigo
despaciet t'amoroseo e á la orella muit baixo digo
    que me puncha la tuya belleza
no fa mal ixe sayetazo ye un empentón pa empecipiar
    o día con a color d'a tuya mirada
           ★★★
dende luent te pienso e con ilusión revivida t'espero
    mirando lo mar e mesurando lo tiempo

[Vera, 25 d'abril de 2022, 12 horas]

~

despertar 2

en la caverna cobijadora de tu boca deposito las palabras
    que por la noche me despiertan
no son una golosina ni siquiera música ni tampoco una flor
    recién abierta al alba
es el grito de gozo que se me escapa cuando en lo más
    profundo de la oscuridad sueño que te veo
y despacito te acaricio y al oído muy bajo digo que me pincha
    tu hermosura
no duele ese saetazo es un empujón para comenzar el día
    con el color de tu mirada
           ★★★
desde lejos te pienso y con ilusión revivida te espero mirando
    el mar y midiendo el tiempo

buro crebau

buro ixuto soi que encara s'embabieca debant
    o misterio
o tiempo no atura
que arribe luego l'augua u o buro se tornará polvo
    e volará
enta tierras e mars desconoixius
guarda o tiempo no espera
e talment con a ruixada d'una unica glarima tuya
en este buro floreixerán baladres e almendreras

[Almería, 25 de setiembre de 2022,
13,40 horas / 23,55 horas]

~

arcilla cuarteada

arcilla seca soy que aún se asombra ante el misterio
el tiempo no se detiene
que llegue pronto el agua o la arcilla se volverá polvo y volará
a tierras y mares desconocidos
mira el tiempo no espera
y quizás con el rocío de una única lágrima tuya
en esta arcilla florecerán adelfas y almendros

a luz que me revella a punto lo día

replega enforica e cosira toz os rayos de sol n'a tuya
     mirada
que cosa no los amorte
cuan veigas que callo e reblo ves ruixiando-me
     con éls con calma
e si a la fin m'ixarno
que a lo menos seiga con a mesma luz que
     me dispierta a l'alba

[Vera, 6, abril, 2023, 18 horas]

~

la luz que me despierta al alba

recoge esconde y cuida todos los rayos de sol en tu mirada
que nada los apague
cuando veas que callo y me rindo ve rociándome con ellos
     con calma
y si finalmente me derrumbo
que al menos sea con la misma luz que me despierta al alba

azul e blanco

mapas en caixons reloches sinse sayetas perdidas
    as bruixolas
voi per viers que me corren de punta ta coda
no me cal puntos cardinals ni guías ni bitacoras
me miro án aturar pa replegar parablas e fuerzas
tanto tiene cara un mar en calma u fura arena
t'aguardaré sía an que sía
pa de conchunta tintar d'azul e blanco lo camín
    que encara queda
★★★
viene luego e posa-te con yo que tiengo prisa

[Almería, 26 de febrero de 2023, 14,24 horas
/ 28 de febrero, 14 horas]

~

azul y blanco

mapas en cajones relojes sin saetas perdidas las brújulas
voy por senderos que me recorren de la cabeza a los pies
no necesito puntos cardinales ni guías ni bitácoras
miro dónde detenerme recoger palabras y fuerzas
lo mismo da frente a un mar en calma o furiosa arena
te esperaré sea donde sea
para teñir juntos de azul y blanco el camino que aún queda
★★★
ven pronto y siéntate conmigo que tengo prisa

o present de toz os días

posa-te con yo debant d'a playa deixa
    las preocupacions afuera e ubre patalers corazón
    e uellos
sondormidas as parablas las replegaremos sobre a mesa
    e l'unico centro d'atención será o mar
e cuan cansos de mirar-nos-lo escuncemos as nuestras
    miradas talment seigan tintadas d'azul
as voces uloren a sal o corazón bata con o ritmo d'as
    olas e nos reviscolemos n'a suya escuma
será a ixa hora rara en que toz os paixaros pareixen
    chilar baixo a mesma totpoderosa batuta
mantendré a mirada pinchada d'o zaguer rayo de sol
    e o esprito flotando n'un restaño de paz
ye o present d'un atro día viviu lo t'ofreixco e
    mirando-nos n'a luz d'o cabotarde nos esliremos

> [Vera, 16 de chuliol de 2023, 21 horas /
> 17 de chulio, 13 horas]

~

el regalo de todos los días

siéntate conmigo frente a la playa deja las preocupaciones afuera
    y abre de par en par corazón y ojos
adormecidas las palabras las recogeremos sobre la mesa
    y el único centro de atención será el mar
y cuando cansados de mirarlo crucemos nuestras miradas quizás
    estén teñidas de azul
las voces huelan a sal y el corazón lata con el ritmo de las olas
    y nos reanimemos en su espuma
será a esa rara hora en que todos los pájaros parecen chillar bajo
    la misma todopoderosa batuta
mantendré la mirada colgada del último rayo de sol y el espíritu
    flotando en una alberca de paz
es el regalo de otro día vivido te lo ofrezco y mirándonos
    en la luz del atardecer nos diluiremos

mil novecientos cuaranta e dos

os míos estrenaus uitanta años s'han adormiu
 acubillaus n'o tuyo corazón
cuna-los con o ritmo d'o tuyo traquetiar tan á bonico
 que no se dispierten
que o tiempo ature que cosa no boche que mesmo
 no acucute o sol
o tiempo que me queda no quiero un atro cado
 an que amagar-me e reposar
   ★★★
cuan te creigas solo e te faiga duelo calla no me mires
 sólo siente-me

       [Almería, 18 d'octubre de 2022]

    ~

mil novecientos cuarenta y dos

mis estrenados ochenta años se han dormido cobijados
 en tu corazón
acúnalos con el ritmo de tu latir tan despacio que no
 se despierten
que el tiempo se detenga que nada se mueva que incluso
 el sol no se asome
el tiempo que me queda no quiero otro cado donde
 esconderme y reposar
   ★★★
cuando te creas solo y te duela calla no me busques
 solo siénteme

a parabla

dende a falsa an que alzo as parablas viellas encara
    vírchens e cenceras
te grito
e a voz truquetía cuentra os cristals igual como mansa
    augua de pluya
cuan á bonico
las voi decindo una zaga l'atra e se tornan aguarruixo
    que m'arrociega
me digo
ye o poder fantastico de l'amor que cada día te regala
    parablas nuevas
machico
como a més chicoteta flor que en metat d'o desierto
    da vida á la tierra

                  [Vera, 14 d'aviento de 2021, 21,23 horas]

~

la palabra

desde el desván donde guardo las palabras viejas aún vírgenes
    y no holladas
te llamo
y la voz golpetea contra los cristales como mansa agua de lluvia
cuando despacio
las voy diciendo una tras otra y se tornan aguacero
    que me arrastra
me digo
es el poder mágico del amor que cada día te regala palabras
    nuevas
mágico
como la más pequeña flor que en mitad del desierto da vida
    a la tierra

contigo cerca

a menudo las fuerzas me flaquean son los años me digo para
    conformarme
pero de veras tener muchos no es sino una excusa y todos
    lo saben
los años no pesan
lo vivido bueno y malo es pasado que te enriquece es savia
    que te alimenta
lo que aplasta es echar una mirada hacia adelante y ver lo poco
    que queda
y lo mucho que falta por descubrir y por amar antes de que
    todo acabe
ahora cuando estoy frente al mar y me reencuentro
    con resucitados paisajes
me abrazan sombras que como teas alumbran y más allá
    se me llevan

★★★

me giro te miro dame la mano para que contigo muy cerca
    no me pierda

con tu cerca

asobén as fuerzas me s'esbafan son os años me digo
    pa aconortar-me
pero en veras tener-ne muitos no ye sique una sincusa
    e toz lo saben
os años no pesan
lo viviu bueno e malo ye pasau te fa rico ye sapia
    que t'alimenta
lo que esclafa ye fer una mirada ta debant e viyer
    lo poquet que queda
e lo muito que falta per descubrir e per amar antes
    que tot no acabe
agora cuan estoi cara ta lo mar e me retrobo
    con resucitaus paisaches
m'abrazan uembras que como luceras alumbran
    e dellá me se'n portan
       ★★★
me chiro me te miro da-me a man pa que con tu
    bien cerca no me pierda

[Vera, 12 de chuño de 2022, 18,25 horas]

tot lo que me queda

me queda la parabla e me queda la voz encá que
    d'espeso afogada
me quedan os uellos que te se miran e espurnan con
    a tuya mirada
me queda l'oyiu que siente o gramito d'o mar
    e o soflo cuan respiras
me quedan as mans capables de reconoixer mesmo
    lo intanchible
me queda saber con tota l'alegría que hue no ye
    o zaguer día
perque dende o més fundo d'o corazón
sé que soi vivo e que ni a tristura no ha puesto
    esmolir-me

[Vera, 10 de chuliol de 2023, 17 horas]

~

todo lo que me queda

me queda la palabra y me queda la voz aunque ahogada casi
    siempre
me quedan los ojos que te miran y crepitan con tu mirada
me queda el oído que siente el bramido del mar y el soplo
    cuando respiras
me quedan las manos capaces de reconocer incluso
    lo intangible
me queda saber con toda la alegría que hoy no es el último día
porque desde lo más hondo del corazón
sé que estoy vivo y que ni la tristeza ha podido desmoronarme

que no s'ixeque a saliva

duermo sobre a blancor d'o tuyo peito lo ixalivo
    e con os didos chugo
á dispertar flamas que te preten fuego
d'o incendio blincan purnas tot se torna royo me
    sulso en pura chera
tot se crema no queda intacto sique o sexo
e yo feito brasa cuan antes no yera que calivo resucito
    en preta lumbrera
enlucernau te miro dende os piez enta la cabeza
    e sinse mica miedo
m'acubillo n'a espluga profunda d'o tuyo melico
    pa salvar-me d'a desferra
        ★★★
meso en tu coba-me pa que a saliva no s'ixeque
    e a pasión no se muera

            [17 de mayo de 2022, 19,48 horas]

        ~

que no se seque la saliva

duermo sobre la blancura de tu pecho lo ensalivo
    y con los dedos juego
a despertar llamas que te hagan arder
del incendio saltan chispas todo enrojece me consumo en pura
    llamarada
todo se quema solo queda intacto el sexo
y yo hecho brasa cuando antes solo era rescoldo resucito
    en espeso resplandor
deslumbrado te miro de la cabeza a los pies y sin nada de miedo
me cobijo en la cueva profunda de tu ombligo para salvarme
    del desastre
        ★★★
dentro de ti incúbame para que la saliva no se seque y la pasión
    no muera

sol mar y tu

a cien metros del mar como viejo en un carasol dejo que pase
    el tiempo
te busco inútilmente las dunas me impiden verte y el reflejo
    del mar me deslumbra
ni pizca de aire silencio absoluto incluso las olas parecen
    apagadas o quietas
como un lagarto me caliento hago memoria y se me aparece
    al instante mi abuelo
soy yo ahora quien espera con los bolsillos llenos de vida
    en la primera fila
ojalá todo viniese con esta vista con el sol de cara y el espíritu
    completamente tranquilo
te busco de nuevo
eres como minúscula estatua contra el azul de un mar argénteo
    hecho espejo

***

te veo y sé que aún estoy vivo

sol mar e tu

á cient metros d'o mar como viello en un carasol
    deixo que tumbe o tiempo
te miro perdemés as dunas me privan de vier-te
    e o reflexo d'o mar m'enlucerna
ni gota d'aire silencio absoluto mesmo as olas
    pareixen amortadas u quedas
como un esfardacho me caliento foi memoria
    e á l'inte me s'apareix mi paye
soi yo agora qui aguarda con as pochas plenas de vida
    en a primera ringlera
ya tot venise con esta envista con o sol de cara
    e o esprito de raso tranquilo
te miro de nuevas
yes como minuscula estatua cuentra l'azul d'un mar
    d'archent feito espiello
             ★★★
te veigo e sé que encara estoi vivo

            [Almería, 10 de chinero 2023, 21,15 horas /
            11 de chinero, 14,30 horas]

no ye miedo

ye de nueit e amaneixen pantasmas que como polas
     capinas beben a luz d'a bombilla
yo me deixo zurrastriar per una galbana que me se'n
     porta ta viellas espelungas
no ye miedo lo que me fiere ye una malagana
     que tien nombre propio e puncha
soledat
pero de momento a tuya imachen engarona o cuarto
     tot resucita e me da vida
                    ★★★
aquí entre que pleve e o silencio se torna tringlar
     cuentra os cristals

[Vera, 27 de marzo de 2020, 23,50 horas]

~

no es miedo

es de noche y aparecen fantasmas que como polillas ebrias
     beben la luz de la bombilla
me dejo arrastrar por una pereza que se me lleva hacia lejanas
     cavernas
no es miedo lo que me hiere es una desgana que tiene nombre
     propio y pincha
soledad
pero de repente tu imagen inunda el cuarto todo resucita
     y me da vida
                    ★★★
aquí mientras llueve y el silencio se torna tintineo contra
     los cristales

78

silencio

o silencio tien a color d'o mar e d'o cielo
hue á esta hora n'o preto d'a tarde ye azul
pero en arribar a nueit será negro
e tornará la soledat á ficar-se n'os uesos
chelo incoloro que crema e mata l'esmo
luent de tu
no b'ha color que defina la pena que siento

[Vera, 29 de marzo de 2020, 17,30 horas]

~

silencio

el silencio tiene el color del mar y del cielo
hoy a esta hora en plena tarde es azul
pero al llegar la noche será negro
y volverá la soledad a meterse en los huesos
hielo incoloro que quema y mata la conciencia
lejos de ti
no hay color que defina la pena que siento

no tardes

tomba la tarde enriste o miedo pensando que luego
    será de nueit e a soledat tornará á escañar-me
cuan chitar-se n'a cama ye igual como capuzar-se en
    riu de chelo u entruchar-se en paúl cenegosa
contaré minutos horas no pensaré esperaré que raye
    l'alba e que os pantasmas fuyan ascape
aquí soi cara o mar siento a suya mormor e con
    os uellos estreñius te veigo como barca que sulca
    las olas
                ★★★
en tu me diluyo e cada maitino en tu resucito
    t'aguardo no tardes

                 [Vera, 31 de marzo de 2020, 17,30 horas]

~

no tardes

pasa la tarde ataca el miedo pensando que pronto será de noche
    y la soledad volverá a ahogarme
cuando acostarse en la cama es como zambullirse en río
    de hielo o atascarse en una ciénaga
contaré minutos horas no pensaré y esperaré que amanezca
    y que los fantasmas huyan al instante
aquí estoy frente al mar oigo su murmullo y con los ojos
    entornados te veo como barca que surca las olas
                ★★★
en ti me disuelvo y cada mañana en ti resucito te aguardo
    no tardes

pensando en tu

ubro patalers os balcons e o mar empecipia á correr-me
    per a sangre
pero més que sapia á sal e algas n'a boca siento
    lo gusto d'a tuya saliva
e a ulor d'o tuyo aliento cuan en silencio me miras
    e sinse tocar-me
fas o miraglo de dar sentiu á més de cuaranta e tres
    luengos años de vida
★★★
o mundo entero cabe n'o cado de casa nuestra cuan
    siento cómo respiras

[Vera, 19 d'agosto de 2020, 12 horas]

~

pensando en ti

abro de par en par los balcones y el mar empieza a correrme
    por la sangre
pero más que sabor a sal y algas en la boca siento el gusto
    de tu saliva
y el olor de tu aliento cuando en silencio me miras
    y sin tocarme
obras el milagro de dar sentido a más de cuarenta y tres largos
    años de vida
★★★
el mundo entero cabe en el cado de nuestra casa cuando siento
    cómo respiras

dende a cambra d'as parablas perdidas te parlo
    á bonico con voces que nunca las has sentidas
ni sisquiera sé cuán cómo e per qué las alcé pero
    en ixe almario d'a memoria dormiban
e se son dispertadas en notar as tuyas mans recorrendo
    lo mío cuerpo que ye ixuto faixuelo
pretar-me fuego no ha estau una desferra sino
    un miraglo que afalaga este cuerpo mío tan
    viello
                    ★★★
atura sobre o mío peito e ascuitarás a remor d'a garona
    de vida que resucita

                    [Vera,11 d'aviento de 2021, 17 horas]
                    ∼

desde el cuarto de las palabras perdidas te hablo despacio
    con voces que nunca has oído
ni siquiera sé cuándo cómo y por qué las guardé pero
    en ese armario de la memoria dormían
y se han despertado al notar tus manos recorriendo mi cuerpo
    que es reseco sarmiento
incendiarme no ha sido un desastre sino un milagro
    que acaricia a este cuerpo mío tan viejo
                    ★★★
detente sobre mi pecho y escucharás el murmullo del torrente
    de vida que resucita

ulors

dende a escureldat m'arriba esta nueit ulor de flors
    de naranchera
ye tan fuerte que encapina
baixo persianas tranco balcons e finestras
    que no quiero sentir-la
ya me vagará un atro día
agora lo que amenisto ye a tuya ulor cerca e notar
    cómo m'envesca
              ★★★
ye que encara amo la vida

                [Vera, 18 d'abril de 2022, 0,10 horas]

~

olores

desde la oscuridad me llega esta noche olor de flores de naranjo
es tan fuerte que embriaga
bajo persianas cierro balcones y ventanas que no quiero sentirlo
ya habrá tiempo otro día
ahora lo que necesito es el olor tuyo cerca y notar cómo
    se me pega
              ★★★
y es que aún amo la vida

vida

de cabo cuan me miro lo mar miro a ignacio me miro
    á yo mesmo tranquilo sinse prisa
floixo ye lo esprito a cabeza encara n'o suyo puesto
    e feliz de respirar de maitinada
agora entra aire de ponient refresca la casa tot ye
    en calma e tomba silencioso lo día
vivir enchufau á un concentrador d'oxicheno no
    priva d'estar capable d'amare a vida
fan mal as cosas prochectadas que nunca no podrán
    fer-sen as fuerzas que se'n son idas
pero encara me fa goi vier as boiras ulorar a tierra
    dimpués d'a pluya u sentir una pantingana
              ★★★
te veigo de bislai d'a tuya mirada trasminan luscos
    camins estrelas e reviscola la rasmia

                  [Vera, 3 de chuliol de 2022, 21 horas]

~

vida

de vez en cuando miro el mar miro a ignacio me miro
    a mí mismo tranquilo sin prisa
flojo está el espíritu la cabeza aún en su sitio y feliz de respirar
    de madrugada
ahora entra aire de poniente refresca la casa todo está en calma
    y pasa silencioso el día
vivir enganchado a un concentrador de oxígeno no impide
    ser capaz de amar la vida
duelen las cosas proyectadas que nunca podrán hacerse
    las fuerzas que se han ido
pero aún me da gozo ver las nubes oler la tierra tras la lluvia
    o escuchar una langosta verde
              ★★★
te veo de reojo de tu mirada manan ocasos caminos estrellas
    y resucita la rasmia

---

tierra cariñada

lichera como pluma ye a tierra an que naxié pero
    luent n'o tiempo e n'a distancia pesa como
    batallo muto de plomo
o polvo que levanta o suyo recuerdo son ruellos
    que apedregan miedo insonoro que roña
    pantasma que espanta
no fieren os años nafran l'ausencia e tantoa que se'n
    son ius siñalando lo mesmo camín que luego
    he á fer solo
ausencia ausencias e una canción de cuna pa
    un mortichuelo de cuasi uitanta años que cara
    ta o norte aguarda
aquí e agora á canto lo mar con un ñudo pretando
    a gargamela a tornada final ta ixa tierra siempre
    cariñada

             [Almería, 9 de noviembre de 2021, 21,55 horas]

                ~

tierra añorada

ligera como pluma es la tierra donde nací pero lejos en el tiempo
    y la distancia pesa como badajo mudo de plomo
el polvo que levanta su recuerdo son guijarros que apedrean
    miedo insonoro que gruñe fantasma que espanta
no hieren los años llagan la ausencia y tantos que se fueron
    señalando el mismo camino que pronto he de hacer solo
ausencia ausencias y una canción de cuna para un niño muerto
    de casi ochenta años que mirando al norte espera
aquí y ahora al lado del mar con un nudo apretando la garganta
    el retorno final a esa tierra siempre añorada

tomban as uembras

tomban as uembras luego e yo me i fico sabendo
    que o día no muere con o sol
que dillá d'as vinte e cuatre horas b'ha una atra
    dimensión an que tu apareixes
e os minutos se multiplican per dos e as horas per días
    con tu á canto siempre
vivir talment mil veces ye o miraglo de saber
    que per alto de tot tu yes con yo
sinse miedo camino ta la fin convenciu de que a vida
    ha estau bien chenerosa
e que en diluir-me n'as uembras con tu tan cerca cada
    paso que foi ye alegre
        ★★★
n'o preto d'a nueit alargo a man me trobo a tuya
    e o fredo calor se torna

[Almería, 21 de noviembre de 2021]

~

vuelven las sombras

oscurece pronto y yo me introduzco en la sombra sabiendo
    que el día no muere con el sol
que más allá de las veinticuatro horas hay otra dimensión
    en la que tú apareces
y los minutos se multiplican por dos y las horas por días contigo
    siempre al lado
vivir tal vez mil veces es el milagro de saber que sobre todas
    las cosas tú estás conmigo
sin miedo camino hacia el final convencido de que la vida
    ha sido muy generosa
y que al diluirme en las sombras contigo tan cerca cada paso
    que doy es alegre
        ★★★
en plena noche alargo la mano me encuentro la tuya
    y el frío calor se torna

alfa e omega: as ripas e o mar

fuellas en blanco ya no me'n quedan guaires e cuan
    i pienso
me faría goyo que a zaguera tenese a color royenca
    d'as ripas
con l'azul d'o mediterranio e d'alto una isla
anque tu e yo os piez mesos en l'augua e os uellos
    bien ubiertos
acucutásenos as luces que nunciarán o día
e abrazau á tu zarrar o cuaderno sinse garra despedida
    ★★★
tiene prestos lapicers e as pinturas que t'avisaré
    á tiempo

                [Vera, 10 d'octubre de 2021, 20 horas]

         ~

alfa y omega: las ripas y el mar

hojas en blanco ya no me quedan muchas y cuando lo pienso
me gustaría que la última tuviera el color rojizo de las ripas
con el azul del mediterráneo y encima una isla
donde tú y yo los pies metidos en el agua y los ojos bien
    abiertos
acechásemos las primeras luces que anunciarán el día
y abrazado a ti cerrar el cuaderno sin ninguna despedida
    ★★★.
ten listos lápices y las pinturas que te avisaré a tiempo

eslabón de una cadena secular

de los ancestros me corre por la sangre yeso y arcilla
    de monegros
generaciones de hambre de sed de años sin una gota de agua
de tierra fértil no fecundada de graneros pajares y despensas vacíos
de hombres incansables en guerra permanente contra el cielo
    y la tierra
de mujeres que tuvieron sin alardear y a oscuras la cabeza alta
pienso en ellos ahora
me crece el orgullo cuando medito en padres abuelos y abuelos
    de abuelos
soy hijo de una tierra ingrata de una sorda lucha de un abierto
    paisaje
y sin vergüenza proclamo y reafirmo unos orígenes sin pizca
    de gloria
solo silencio trabajo penuria y como bandera la dignidad
    perpetua

armiella d'una cadena secular

d'os ancestros me corre per a sangre cheso e buro
    de monegros
cheneracions de fambre e sete d'años sinse una gota
    d'augua
de tierra fértil no fecundada de graners pallars
    e repostes vuedos
d'hombres incansables en guerra contina cuentra
    o cielo e a tierra
de mullers que tenioron sinse avantar-se e a foscas
    a cabeza alta
i pienso agora
me creix l'argüello cuan caduco en pais payes e payes
    de payes
soi fillo d'una tierra ingrata d'una sorda luita d'un
    ubierto paisache
e sinse vergüeña proclamo e reafirmo uns oríchens
    sinse mica gloria
només silencio treballo penuria e como bandera
    la dignidat perpetua

[Almería, 19 de marzo de 2023]

si reblo

cuan me plevan dudas e me ruixien uembras cuan
    mesmo a luz sía negra
miraré de no ixarnar-me e de tirar enta debant
    mantenendo ilusión e fuerza
pero si veyes que reblo mesmo con un riset en a boca
    e una purna n'os uellos
da-me a man e no empentes será que ye arribau
    o momento de rematar luego
★★★
asinas lo veigo agora cuan sonío mars e amato miedos

[Almería, 26 de chinero de 2023, 17,30 horas]

~

si me rindo

cuando me lluevan dudas y me rocíen sombras cuando incluso
    la luz sea negra
procuraré no derrumbarme y seguir adelante manteniendo
    ilusión y fuerza
pero si ves que me rindo incluso con una sonrisa en la boca
    y una chispa en los ojos
dame la mano y no empujes será que ha llegado el momento
    de acabar pronto
★★★
así lo veo ahora cuando sueño mares y apago miedos

asinas lo quiero

posau n'a espuenda aguardaré l'arribada d'o barco
    que me s'ha de portar pa siempre
cara o mar l'espero
con a mirada ubierta e o corazón tranquilo
    dondiando per tierras cariñadas agora tan lueñes
tu e yo serenos
que no sienta sique silencio a tuya man pretando a de yo
    e a cabeza recostada n'o mío uembro
asinas lo quiero
millor cuan o sol s'amague dezaga de sierras amariellas
    e ilumine tota una vida con tu tan cerca
★★★
con calma á bonico sinse prisa pero si te tiengo
    á canto que plegue cuan quiera

[Vera, 5 de setiembre de 2021, 12,45 horas]

~

así lo quiero

sentado en la orilla esperaré la llegada del barco que se me
    ha de llevar para siempre
frente al mar lo espero
con la mirada abierta y el corazón tranquilo vagando por tierras
    añoradas ahora tan lejos
tú y yo serenos
que no se sienta más que silencio tu mano apretando la mía
    y la cabeza recostada en mi hombro
así lo quiero
mejor cuando el sol se esconda tras sierras amarillas e ilumine
    toda una vida contigo tan cerca
★★★
con calma despacio sin prisa pero si te tengo al lado que llegue
    cuando quiera

frente al mar

miro el mar infinito como el mar seco del desierto
lejanos horizontes abiertos espacios
no quiero más
me basta con entornar los ojos y tragar agua como polvo
acariciado por el sol
acunado por el monótono rumor de las olas que como olas
      de espigas
se me llevan o me traen
en calma las manos abiertas a los cuatro vientos
espero contigo al lado la inoportuna hora de partir
pero ahora solo quiero
emborracharme con este olor salitroso marino o acaso desértico

★★★

que nada se mueva que todo pare que calle incluso el silencio
¿dónde estoy que creo muerto el tiempo?

cara o mar

me miro lo mar infinito como lo mar seco
    d'o desierto
leixanos horizonts ubiertos espacios
per an caminare navegando e no trobare nunca la fin
no quiero més
tiengo prou con estreñir os uellos e trasquir augua
    como polvo
afalagau per o sol
cunau per a monotona remor d'as ondas que como
    ondas d'espigas
me se levan u me trayen
en calma as mans ubiertas á os cuatre vientos
aguardo con tu á canto a inoportuna hora de partir
pero agora no quiero sique
encapinar-me con esta ulor salitrosa marina u talment
    desertica
        ★★★
que cosa no boche que tot ature que calle mesmo
    lo silencio
án soi que creigo muerto lo tiempo?

[Almería, 29 de noviembre de 2022, 21 horas.
Pensau en Costacabana hue n'a meyodiada,
escrito de tardes]

~

no te vayas

cuenta conmigo los pasos que hay que dar hasta encontrar
    la calma que en estos momentos me parece tan lejos
cada paso es un esfuerzo cuando no tienes ganas de caminar
    y el pasado te encadena como a caballería en pesebre
ponme delante las ripas el castellazo peña montañesa cualquier
    paisaje que me ha marcado a fuego la vida
enséñame el cinca o la torre de san martín montearagón
    o la ermita de chalamera al caer la tarde
y quizás los pasos se aligeren y al final acabe el viaje cuando
    me reencuentre con el niño que era
★★★
ahora rebusco en el pensamiento un recuerdo de paz y no
    me lo trae ni siquiera el mar que tengo tan cerca
habrá que aguardar detente aquí no te vayas que juntos
    será más fácil encontrar la vía

no te'n vaigas

cuenta con yo los pasos que cal fer dica trobar a calma
  que en estes momentos me pareix tan lueñes
cada paso ye un esfuerzo cuan no t'agana caminare
  e o pasau t'encadena como á baje en presepe
mete-me debant as ripas o castellazo peña montañesa
  cualsequier paisache que m'ha marcau a vida
amuestra-me cinca u a torre de sant martín
  montaragon u l'armita de chalamera en cayer
  a viespra
e talment os pasos seigan més licheros e á la fin
  remate o viache cuan me retrobe con o nino
  que yere
★★★
agora rechiro n'o pensamiento un recuerdo de paz e no
  lo me traye nian o mar que tiengo tan cerca
caldrá aguardar atura aquí no te'n vaigas que chuntos
  será més fácil que alcuentre a vía

[Almería, 7 d'octubre de 2021, 14 horas]

95

gracias 2

ascuito a mía respiración sincopada arritmica musica
    sinse notas ni pentagrama
no m'espanta
esfurio los malos pensamientos e en metat de tanta
    melodía informe pienso en un mar
u millor en una isla an esperar que m'escañe á poquet
    tanta sinfonía entretallada
entremistanto
me siento contento de que nos bañe a rosada de luz
    que me revella cada maitinada
ye néctar que libo n'o tuyo cuerpo espullau entre
    que bi escribo con a boca una parabla
gracias

            [Almería, 19 de setiembre de 2022, 0,50 horas]

~

gracias 2

escucho mi respiración sincopada arrítmica música sin notas
    mi pentagrama
no me asusta
ahuyento los malos pensamientos y en mitad de tanta melodía
    informe pienso en un mar
o mejor en una isla donde esperar que me estrangule poco
    a poco tanta sinfonía entrecortada
mientras tanto
me siento contento de que nos moje la escarcha de luz
    que me despierta cada madrugada
es néctar que libo en tu cuerpo desnudo dormido mientras
    en él escribo con la boca una palabra
gracias

si yes cerca

ye prou un rayo de sol e debant yo lo mar ubierto
e si tu yes cerca
ya puet venir lo que quiera que no me fa miedo
e no per miedo
sino per deixar tot lo que amo e quiero
per ixo
con tu á'l canto amago reloches e aturo lo tiempo

[Almería 23 d'aviento de 2022 / 24 d'aviento
de 2022, 13,30 horas]

~

si estás cerca

me basta un rayo de sol y ante mí el mar abierto
para mí no será fácil dar la despedida última
y no por miedo
sino por dejar todo lo que amo y quiero
por eso
contigo al lado escondo relojes y detengo el tiempo

á la fin ye l'orichen

cuan m'arribe o momento
ni una mirada ta debant me meteré d'espalda
ubriré firme os uellos enta o pasau de cara
e mirando-me tot lo viviu remataré contento
★★★
per debant l'orichen e o mar dezaga
asinas lo quiero

[Almería, 16 de febrero de 2023, 11 horas]

~

al final está el origen

cuando me llegue el momento
ni una mirada hacia adelante me pondré de espaldas
abriré mucho los ojos hacia el pasado de cara
y mirando todo lo vivido remataré contento
★★★
por delante el origen y el mar detrás
así lo quiero

albarcas nuevas

punto e apart
o punto tien nombre propio e ye vintedesetiembre
e yo que encara soi o mesmo que yere este maitín
    u ahier
tiengo n'as mans un mapa alcorzau que no tien sique
    un viero
 con os marguins á rebutir de chent e paisaches
    que he quiesto
punto e apart
empecipia una etapa nueva que sé muit bien que será
    la zaguera
tiengo l'alforcha e as albarcas prestas e no falta rasmia
    ni fuerza
mañana será un atro día e yo prou que sí no habré
    cambiau guaire
              ***
punto e apart

            [Almería, 20 de setiembre de 2022, 19,30 horas]
              ~

albarcas nuevas

punto y aparte
el punto tiene nombre propio y es veintedeseptiembre
y yo que aún soy el mismo que era esta mañana o ayer
tengo en las manos un mapa reducido que solo tiene
    un sendero
con los márgenes repletos de gentes y paisajes que he amado
punto y aparte
se inicia una etapa nueva que sé muy bien que será la última
tengo la alforja y las abarcas listas y no falta ni rasmia ni fuerza
mañana será otro otro día y yo por supuesto no habré cambiado
    apenas
              ***
punto y aparte

---

a zaguera buega

ne'n iré con a boca a gusto de buro d'orichen e sal
    de destino
albarda e alforcha plenas de sols d'albadas e luscos
    infinitos
garra cantal n'as pochas que empachen a vitesa
    en esta costera
nengún testamento que deixar escrito u oral
    n'as espuendas
yo espullau enfilando cara la no-cosa només
    con tu entre os didos
no te soltaré dica que arribe ta la buega final
    que á escuras m'espera
me se trasquirán as uembras pero no me pierdas ubre
    bien as orellas
que dillá de tot mesmo d'a muerte seré con tu como
    si estase vivo

            [Almería, 12 de noviembre de 2021, 22,26 horas]

~

el último límite

me iré con la boca con gusto de arcilla de origen y sal de destino
albarda y alforja llenas de soles de alboradas y atardeceres infinitos
ningún pedrusco en los bolsillos que dificulte la velocidad
    en esta cuesta
ningún testamento que dejar escrito u oral en las orillas
yo desnudo dirigiéndome hacia la nada solo contigo entre
    los dedos
no te soltaré hasta que llegue al límite final que a oscuras
    me espera
se me tragarán las sombras pero no me pierdas abre bien las orejas
que más allá de todo incluso de la muerte estaré contigo
    como si estuviera vivo

dellá d'o mar

o mar me grita con tantas voces disbrazadas que á la
    fin siempre m'embabuca
o mar...
tien tantos uellos que per muit amagau que yo seiga
    no deixa d'acucutar-me nunca
d'espeso
no adubo á descubrir o suyo secreto e me s'entrefá
    que alza oculta bela traiduría
e pienso
millor a tierra que no tien sique una voz me dispierta
    cariños e asobén ye muta
a tierra...
a de yo que ye orichen e será fuesa aguarda encadada
    n'o corazón o mío zaguer día

            [Vera 17 de febrero de 2022, 17,30 horas /
            correchiu o día 18 á las 19,30]

~

más allá del mar

el mar me llama con tantas voces disfrazadas que al final
    siempre me embauca
el mar...
tiene tantos ojos que por muy escondido que yo esté no deja
    de espiarme nunca
a menudo
no consigo descubrir su secreto y sospecho que guarda oculta
    alguna traición
y pienso
mejor la tierra que no tiene más que una voz me despierta
    añoranza y con frecuencia es muda
la tierra...
la mía que es origen y será fosa aguarda recluida en el corazón
    mi último día

porque vivo

que se me pierda la mirada entre tierra palmito pitas
    y almendros
que el polvo me manche los zapatos y que el sudor me corra
    por la cara
no pensar que tanta belleza será cada vez más raro poder
    disfrutarla
ahora son las once y pico de la noche camino entre fotos
    que serán eternas
es la capacidad de ver ríos y montes ya conocidos con solo
    entornar los ojos
pero aunque quisiese
no llego a oler la tierra mojada ni el aroma dulzón del azahar
ni puedo despertar en el oído el rumor del aire rizando la mies
    en olas doradas
cierro el ordenador y siento
que se escapan los paisajes y queda una pantalla muerta como
    desierto sin alma

perque vivo

que la mirada me se pierda entre palmito pitas
    e almendreras
que o polvo m'empuerque o calcero e que a sudor
    me corra per a cara
no pensar que tanta belleza per cada vegada será més
    raro poder disfrutar-la
agora son las once e escai d'a nueit camino entre fotos
    que son eternas
ye a capacidat de veyer paisaches ya conoixius
    con només estreñir os uellos
pero encara que querese
no consigo ulorar a tierra ruixada ni l'aroma zucrosa
    d'as flors de naranchera
ni puedo dispertar en l'oyiu a remor de l'aire frisando
    a garba en olas doradas
zarro l'ordinador e siento
que eslampan os paisaches e queda una pantalla
    muerta como desierto sin alma

        [Almería, 17 de chinero de 2023, 23,40 horas /
        revisau o día 18 a las 12,30]

insomnio

qué mariposa nocturna me ha escondido en el barco de las 3,47
 todas las palabras imposibles de localizar entre bidones
 y contenedores
se ha llevado las que guardaba para recibir el día
llenas de luz música colores y en un segundo ha cambiado
 el mundo
o mejor ha cambiado mi percepción
esperaba el alba para sacudirme este insomnio matar la oscuridad
 y saber que a pesar de todas mis limitaciones soy yo
de dónde sacaré ahora no la palabra sino las ganas de buscarla
 en este estado tan neutro en que ni siquiera estoy rabioso

insomnio

qué paixalera nocturna m'ha enforicau n'o barco
    d'as 3,47 totas as parablas imposibles de localizar
    entre bidons e contenedors
se'n ha portau as que reservaba pa recibir o día
plenas de luz musica colors e en un segundo
    ha cambiau o mundo
u millor ha cambiau a mía percepción
esperaba l'alba pa secutir-me este insomnio
matar a fosquera e saber que manimenos con totas
    as limitacions soi yo
d'án quitaré agora no pas la parabla sino as ganas
    de buscar-la en este estau tan neutro que nian
    me meto furo

[Vera, 4 de noviembre de 2023]

espíritu terrenal

en absoluto de mártir y menos aún de héroe mi espíritu es tan
    material que el aire lo levanta y el agua lo hace barro
cuando padezco limitaciones ni santos ni patrias me ayudan
    a dar sentido a ese sufrimiento y se hace difícil
    encontrarlo
dejo de pensar
me embarco en fantasías que a ningún sitio conducen pero
    al menos puedo elegir el mar que quiero
y ahogarme mientras desde lejos llegan letanías de santos
    y héroes que no deseo
★★★
al final es la soledad frente a un infinito vacío

esprito terrenal

ni pont de mártir e menos encara d'heroe o mío
    esprito ye tan material que l'aire lo levanta
    e l'augua lo torna bardo
cuan enduro limitacions ni santos ni patrias m'aduyan
    a trobar sentiu a ixe padeixer e se fa difícil
    de trobar-lo
deixo de pensar
m'embarco en fantasias que ta garra puesto menan
    pero a lo menos puedo triar o mar que quiero
e afogar-me-ie entre que dende lueñes siento letanías
    invocando santos e heroes que no deseyo
        ★★★
a la fin ye a soledat cara un infinito vuedo

[Vera, 6 de noviembre de 2023]

EPÍLOGO

Grupo «Locas por la poesía»

Tienes en tus manos el fruto de una selección de poesías escritas por Ánchel Conte en el periodo que va desde la pandemia hasta hace unos días..., hasta anteayer..., hasta ayer..., porque es imposible poner fin a su profusa creación literaria. Todas ellas han sido publicadas generosamente, como ha sido habitual en él, en Facebook.

Tuvo la osadía de pedirnos opinión para la elaboración de este poemario y ha sido una experiencia indescriptible. Alrededor de una mesa, nos hemos reunido un grupo de mujeres locas por la poesía, animadas por Concha Tovar, amiga personal y muy querida de Ánchel. Nos adentramos de lleno en los poemas escritos en los últimos tres años. Inolvidable experiencia. Entre las componentes del grupo hay vivencias existenciales de dolor personal, de enfermedad, de gozo por nuevas vidas y, sobre todo, sensibilidad exacerbada. Con la autoestima al alza o a la baja, para todas ha supuesto un crecimiento personal y por eso, Ánchel, te damos las gracias.

Esta difícil selección de poemas es el fruto de una elección a la que se ha llegado, más que a través de una reflexión sesuda, académica o profesional, por el camino de atender a criterios tan subjetivos como la intuición, la sonoridad del lenguaje, las evocaciones que provocan las imágenes pintadas con palabras, la belleza del texto leído en voz alta con los matices que cada una ha dado a un mismo poema y, sobre todo, el respeto profundo que nos inspira la creación de tanta belleza y la admiración hacia la obra de un gran poeta.

Poemas que, en ocasiones, compartían en sí mismos todas las clasificaciones racionales que pudiéramos imaginar.

En este periodo todos sus versos parecen surgir de una creatividad lúcida, serena y reflexiva, entretejiendo todas las etapas de su vida, recuerdos de infancia, de su tierra seca y dura entremezclada con un mar tan inmenso como su sensibilidad; sus recuerdos sobre el despertar de la sexualidad en la infancia y en la adolescencia; la captura inigualable del momento, tanto en un *carpe diem* como en una reflexión *tempus fugit*. Son continuas sus referencias al transcurso del tiempo, ese inevitable compañero al que aprende a querer más y más conforme se agota. Sin embargo, en sus poemas nos muestra su aceptación de la realidad, de que el fiel compañero se va debilitando. En ocasiones se enfrenta a él por ser silencioso e inexorable y, la mayor parte de las veces, lucha por disfrutar de la escasez de su compañía.

Y, por encima de todo, llama la atención la recreación del amor personificada en los poemas dedicados a Ignacio, el gran amor de su vida.

Ánchel es capaz de abrir horizontes imprevistos sin que comas, puntos, o cualquier otro signo ortográfico impida la fluidez de la palabra, de la imagen, del color. Sin comillas, admiraciones o mayúsculas. Parte de la grandeza de este autor es que no somete la imaginación del lector a ningún límite. Estas son sus palabras. Estas son las imágenes de su poesía. Esta es su belleza interior. Con su personal y extensa obra, nos ha arrastrado a su mundo, alegría, añoranza, dolor, soledad y amor se viven con intensidad cuando lees sus poemas. Nos ha pasado, nos sigue pasando cuando nos reunimos las «locas por la poesía» a disfrutar de sus versos.

Este es un libro de amor, amor a la persona que le da fuerzas para mirar al mar por la ventana y perderse en ese horizonte con el que siente que acabará por fundirse; de amor a la tierra, al mar, de añoranzas, de dolor, de lucha; de amor al sol hiriente que no soporta, como dice en sus poemas, pero que necesita para seguir viviendo, para ver su realidad, la que es y la que fue. «Me siento contento de que me moje la escarcha de luz cada madrugada». Necesita esa luz en la infancia para ver su higuera, para que su calor le incite a meter los pies en la añorada cibieca, en definitiva, para ser feliz.

Ánchel percibe el tiempo como una acuarela cuyos colores se van diluyendo. Hablar del tiempo fugaz siempre es un desafío, invoca los años, las horas y, sobre todo, los momentos. Afronta sin temor ese ir desvaneciéndose porque su vida, así lo reconoce, «ha sido una vida generosa desde el origen hasta el fin». Y sigue luchando para que no se le congele el alma. La cuestión es no retroceder en sus deseos más íntimos y seguir pasando cuentas a la vida, a la pasión del momento que nos lleva a ser osados o cautos. Rememorar. Llorar en silencio o sonreír entre labios, llenarse el alma con el azul del mar, «...que se me lleve el mar... y que la luz de tus ojos me devuelva el ser».

Esperamos que, con nuestra humilde contribución, sus versos sobrevuelen Alcolea, Sierra Cabrera, las costas de Almería..., y trasladen al lector en el barco de la imaginación hasta el horizonte.

Ha sido un orgullo, un placer, participar en esta elección de sensaciones, sentimientos y anhelos que proporcionan sus versos y que, estas locas por la poesía, finalizaron en Jaca, el 22 de noviembre de 2023, a las 21,00 horas.

(En el fondo ha sido una selección dolorosa, por no haber podido incluir todos y cada uno de los poemas que nos ha sido regalado leer).

El grupo de «locas por la poesía» que ha realizado esta selección ha estado integrado por,

Elisa Dumall,

María Pilar Jarne,

Asun Laclaustra,

Ana Cristina López-Blanco,

Maribel Mur,

Magdalena Pérez,

Isabel Sarto,

Concha Tovar,

María José Turmo.

NOTA DE LA EDITORA

Ánchel Conte murió antes de que se pudieran concretar muchos aspectos de esta edición. Tuvo tiempo de elegir quiénes escribirían unas palabras que acompañasen sus poemas y hemos respetado sus deseos.

Dejó dicho también que se mantuviese la ortografía utilizada en cada poema, pero hemos decidido no hacerlo así por varias razones, Ánchel fue miembro de la Academia Aragonesa de la Lengua desde su constitución en 2021. Fue elegido, por unanimidad, director del Instituto del Aragonés y presidió los trabajos de la Comisión de Grafía, que llevó a la elaboración y aprobación de la ortografía normativa del aragonés en Acuerdo normativo 2/2023, de 3 de abril. Pero, aún más importante, si cabe, es que Ánchel Conte luchó durante muchos años por una normalización ortográfica del aragonés. Por ello entendemos que estos poemas debían aparecer con esa ortografía recientemente aprobada, a la que Ánchel contribuyó con tesón y esfuerzo y de la que se sentía orgulloso.

Quiero agradecer en esta nota la ayuda de Chusé Raúl Usón a la hora de revisar la ortografía de estos poemas.

ÍNDICE

amor e vida

Este libro
se acabó de imprimir
en el invierno de 2024
en los talleres graficos de INO
Reproducciones de Zaragoza.
Te buscamos en el mar
y en tus paisajes
y acudimos a tus poemas
para encontrar,
una vez más,
la calma